꽃잎, 허공에 파문을 빚다

석용호 첫 시집

도서출판 모던

꽃잎, 허공에 파문을 빚다

석용호 첫 시집

저자의 말

산골 중의 산골. 두메나 산골 깊고도 깊은 월악산 자락 아래 태어나 맨발로 개울가에 나가 멱이나 감고 먹을 것이 없어 봄에는 아카시아 꽃잎이랑 진달래 꽃잎 따먹고 여름엔 산딸기나 오디 따먹고 가을엔 밤 주워 먹고 홍시 주워 먹으며 겨울엔 흰 눈과 고드름 한입 물고 다니던 까까머리 소년이 열세 살 되던 때에는 고향산천을 뒤로하고 공부하여 돈 많이 벌려는 꿈을 안고 유학의 길을 떠나오던 날이 벌써 강산이 여섯 번이나 바뀌었고 홀로 떠나오던 몸이 어느새 아들 딸 자식에 손주까지 아! 세월이 무상하다. 어찌 이럴 수가…. 소년은 어디 가고 반백의 인생으로 변해버렸다니….

점점 멀어져가는 고향마을을 바라보며 동구 밖을 나서올 때는 이 다음에 돈 많이 벌어 귀거래사를 읊으며 귀향하여 고생하신 우리 아버지, 우리 어머니 좋은 집 지어드리고 좋은 옷에 좋은 음식 해드리겠노라고 마음에 다짐을 하고 또 하고 떠났던 길이었는데…. 세상만사 내 뜻대로 되지 않는 것. 자연의 순리라고나 할까 어쩌다 한번 들려보는 고향집은 모두가 떠난 빈집에 잡초만이 무성하네. 인생의 물레방아도 돌고 도는 법…. 봄이 가면 여름 오고 여름 지나면 저녁노을 같은 가을이 다가오고 그 다음은 앙상한 뼈마디만 남은듯 한 겨울이….

인생도 계절처럼 태어나서 초년, 중년, 장년, 노년으로 돌고 돌아 결국은 사람으로 태어나서 버젓한 이름 석 자는 못 남길망정 지내오면서 살아오는 동안의 삶의 희로애락을 마음에 담아 시라는 이름으로 모아 펼쳐드리고자 합니다. 부족한 점들은 넓으신 이해와 아량으로 받아주시기를 바라오며, 저를 기억하시는 모든 이에게 날마다 행복이 충만하시옵기를 기원합니다. 그리고 남은 여생은 자연과 이웃들과 늘 감사의 마음으로 행복하게 살아가고자 합니다.

2011년 정월 스무네째날

石庭苑에서 이순을 맞이하며

石花 석용호 拜上

저자의 말 4

제1부 _ 봄날에는

새날에는 12
강변에 서서 13
봄이 오는 소리 14
고향의 소리 15
금강이라네 16
금수산에 올라보니 17
상견례 풍경. 1 18
상견례 풍경. 2 19
석정원(石庭苑) 20
봄날에는 21
언덕에 올라보니 22
이 땅에 태어남을 23
작고도 커다란 일본 24
금수산 정방사에 올라서니 25
탄생 26
초년 시절 27
흔적 28
내 고향 29
발자국 소리 30
천사의 미소 31

제2부 _ 여름날에

34 그대였으면
35 결혼식 풍경. 1
36 결혼식 풍경. 2
37 청년 시절
38 내 모든 것을
39 그대는 내게 있어
40 내 안에 남을 사랑
41 파도
42 그저 바라보기만 해도
44 부부
45 시집 보내던 날
46 여름 날
47 충주호
48 칠월 칠석날에
49 가슴이 터질 것만 같네요
50 청풍명월
52 한벽루에 올라
53 사랑보다 깊은 情
54 말없이 떠나가세요
55 그냥 그대로

제3부 _ 가을 들녘

오일 장 58

가을 들녘 60

그리움 61

마음의 상처 62

영원한 사랑이란 63

미안한 마음 64

상처 65

소식(小食) 66

에펠탑 67

아름다운 말들 68

여심 70

중년시절 71

초가지붕 72

용서의 두 마음 73

즉심 불이 74

그저 바라보기만 해도 75

그대를 항상 내 곁에 76

그리운 마음 77

욕심에서 깨어나면 78

착각 79

제4부 _ 겨울까지

82 고통
83 달음질 인생
84 두 번 다시는
85 아버님을 기리며
86 베풀며 살아가기
87 세상에서 무서운 것은
88 세월 가면
89 아름다운 실수
90 안타까운 사람들
91 월급날
92 겨울까지
93 회갑날에
94 자연의 순리
95 자업자득
96 천사를 찾아서
97 장년 시절
98 후회로운 삶
99 집착
100 잃고 나서 후회

제5부 _ 귀거래사

돌아올 수 없는 다리 102
아름답고 행복한 자리 103
행복이 내게로 104
하나로 돌아가고 싶을 때 105
두 얼굴 106
잠시 머물다가는 인생인데 107
아름다운 삶이란 108
마음의 거울 109
잊지 못할 두 사람 110
등잔불 111
인연이라는 두 글자 112
따듯한 인생 113
인생살이 114

석용호 시인의 시세계 116
감각적인 언어의 시적 구성력을 바탕으로

제1부 봄날에는

새날에는

새날에는
이 땅에 태어났음을
감사한 마음으로 살게 하소서

새날에는
어렵고 힘든 이웃들을 위하여
일할 수 있도록 용기를 주소서

새날에는
증오와 분노의 마음을 거두어 버리고
온누리에 평화만이 존재하게 하소서

새날에는
새벽길을 나서는 발걸음과
저녁 되어 돌아오는 발걸음을 가볍게 하소서

새날에는
검푸른 바닷속을 헤치고 솟아오르는
태양처럼 뜨거운 열정으로 살아가게 해주소서

새날에는
희망과 행복으로 가득 찬 하루를 마치고
포근히 잠들 수 있는 하루가 되어
날마다 아름다운 시간으로
가득차게 살아갈 수 있도록 하소서

강변에 서서

오늘도 어김없이
물안개 피어오르는 강가에서
강변을 바라본다
코를 통하여 들어는 물내음이
비린듯하면서도 싫지는 않다

이 고을 저 고을 돌아 돌아오면서
이 사람 저 사람 발내음 땀내음
모두 담아서 그런지
비린 물내음 보다는
살내음이 더 난다
거기에 고을 사람들의
마음 까지 씻긴 탓인지
향기로움까지 솟아난다

오늘도 강변에 서서
물안개로 피어오르는 삶의 내음
가슴 깊은 곳까지 담고 있다

봄이 오는 소리

얼음장 밑으로
졸졸졸 들려오는 소리
겨우내 잠자던 개구리
기지개 켜며 하품하는 소리

개울가 나뭇가지 사이로
물오르는 소리
아낙들 들판에서
냉이 캐는 호미질 소리

뒤뜰에 서있는 풍년화
꽃망울 터지는 소리
조용하던 놀이터에
어린아이 뛰노는 소리

창밖 너머로 들려오는
사뿐사뿐 발걸음 소리
지나가는 여인의
옷깃 스치는 소리

오가는 사람
웃음 뒤섞인 마음의 소리에
귀를 가까이 해보세요
아름답고 향기로운
봄이 오는 소리가 들려온답니다

고향의 소리

봄이면
이 고을 저 고을
밭갈이하는
소들의 워낭소리

여름이면
미루나무에
참매미 말매미
목청껏 울어대는 소리

가을이면
들녘에서
오곡백과 여물어
배까지 부른 소리

겨울이면
초가지붕에 함박눈
소복소복 쌓여가는
세월이 깊어가는 소리

이젠 소의 워낭소리도
매미 소리도 오간데없고
초가집 함박눈도 찾을 길이 없네
정겨웠던 고향의 소리 모두 어디로 떠났는지……,

금강이라네

어디서 시작되어
어디로 가는 걸까
이 골짝에서 한 방울
저 골짝에서 한 방울
골짝마다 한 방울로 시작한 물이
모여 모여서는 계곡물로
하늘에서 뚝 떨어질 때는
이제 모두가 끝난 줄 알았는데
이렇게 계곡물이 모이다 보니
들판도 지나는 시냇물로
다시 이 고을 저 고을 지나다 보니
어느새 한줄기 강물이 되었다네
피라미도 보이고 다슬기도 보이고
지나는 고을마다 사람 사는 내음도 솔솔
향적봉에서 시작한 한 방울이
대청호를 넘어서니
비단처럼 아름다워 사람들이 금강(錦江)이라 부르네

금수산에 올라보니

백두산에서 출발하여
태백준령을 타고
이곳에 청풍 고을에 자리한 금수산

한벽루 아래 나룻배 타고
교리 고을 향교 앞을 지나
얼음골 발치께 두고 정상으로 가던 길
그 옛길은 모두가 수몰되어
지금은 학현 고을을 지나
유격코스를 통과해야 정상에 오르게 되었다네

산의 이름만큼이나
아름답고 빼어난 금수산
매년 봄, 가을이면
산악 마라톤 코스로도 유명한
청풍 고을의 또 하나의 명품 금수산

금수산 정상에 올라보니
잡힐 듯 잡힐 듯 보이는 비봉산과
가까이로는 망월산성과 문화재 단지가
발아래로는 드넓은 청풍호가 한눈에 보여
가슴까지 탁 트이게 하는 아름다운 금수산

상견례 풍경. 1

직계가족은 물론 가까운 친척들까지
신부집에서 상을 서너 개를 걸쳐놓고
무슨 회담하듯 편을 갈라 자리를 잡는다

다음 출석 부르듯이
남자측 가족 소개부터 시작하여
여자측 소개까지 마치면 족히 반 시간은……,

실질적 주인공 덕담보다는
양측집안 기 싸움이라도 하듯
가문의 자랑중심으로 말이 오간다

음식은 모두 신부측에서 장만한 것이며
산 것이라고는 술과 과일뿐이다
술이 몇 순배를 돌고 나면 식사는 뒷전이다

*예전의 상견례 즉 약혼식 풍속도랍니다.

상견례 풍경. 2

먼저, 분위기부터가 다르다
일단 집이 아닌 이름있는 한정식집이다
장소 선정과 비용은 남자측에서 부담한다

참석 인원도 거의 정해져 있다
양측에서 당사자와 부모님
기본적으로 여섯 명이다

양측 소개도 30초면 충분하다
인사도 답례도 간단하다
서로가 충분히 알고 있어서 시간은 절약된다

주인공에 대한 덕담은 칭찬 일색이다
집안은 가문의 명예보다 부의 척도에 대하여
비중을 많이 할애한다

오가는 대화상으로는 혼사에 대해
남자측에 일임하는듯하면서도
여자측도 만만치 않다

*이것이 오늘날 상견례 풍속도랍니다.

석정원(石庭苑)

백두대간의 줄기 타고
내려오다 우뚝 솟은 월악산
그 중에서도 제일의 영봉(靈峯)
높이가 자그마치 1094미터

뒤로는 월악산이 굽어보고
앞으로는 실개천이 흐르는
내가 태어나고 자라난 정든 고향
내집의 지번(地番) 또한 1094번지

이 터 위에 세워진
정든 내 고향
정든 우리 집
이름하여 석정원(石庭苑)

오지의 산골마을이지만
나의 어린 시절 꿈이 무럭무럭 자라나던 곳
반세기를 훌쩍 지난 지금까지도
항상 나를 반겨주고,
내 마음의 안식처인 정겨운 석정원(石庭苑)!

봄날에는

봄날에는
잠에서 깨어나고
자리에서 일어나라
얼마나 기다렸던 날들이었던가

봄날에는
추위도 이겨냈고
눈보라도 이겨냈으며
두터운 땅이불도 이겨냈다네

봄날에는
새로운 생명체를 위하여
얼마나 긴긴 시간을 보내야 했던가
얼마나 아픈 날을 지새워야 했던가

봄날에는
이 고을 저 고을 골짜기마다 봄의 소리가
끝없는 대지에는 새싹 위로 아지랑이가
하늘에서는 종달새 드높이 날고
봄날에는 하늘과 땅 그리고 내가 함께하며
내 육신과 영혼이 자연 위에 태어남을 온누리에 축복이라 외쳐본다

언덕에 올라보니

언덕에 올라
가만히 귀를 기울여 보고 있노라면
이 골짝에서는
개나리 · 진달래 꽃망울 터지는 소리
저 골짝에서는
자작나무 물 오르내리는 소리

양지바른 산소가에는
할미꽃. 제비꽃이 피어나고
비탈진 밭에선
농부의 밭갈이 하는 소리
들녘 한 켠에선
아낙네의 냉이 캐는 소리에
어느새 봄이 우리 곁으로 다가와
옷깃 속으로는
봄내음까지 자리 매김하네요

이 땅에 태어남을

새봄 새싹처럼
이 땅에 태어남을
자랑스럽고 영광스럽게 생각하며
이 땅에 살아감을
너무도 아름답게
그리고 축복받은 것으로
이 땅 위에서
함께하는 이웃들을
너무도 소중한 사람으로
이 땅 위에서
펼쳐져 있는 생명체들에게도
항상 감사의 마음으로
이 땅 위에서
펼쳐져 있는 자연의 아름다움을
우리는 더욱더 고귀함을
무엇보다도
이 땅위에서 함께 더불어 살아가는
모든 사람들과 자연에 감사함을 느끼게 하소서

작고도 커다란 일본

거리를 달리는 자동차
살아가는 생활공간과 집
자동차들이 달리는 도로
각종 편의시설, 음식점들
늘 함께하는 적은 양의 식사
거리를 오가는 사람들
사람들의 외형상 모습
모두가 작은 일본 같아 보인다

전통적인 그들만의 자체신앙
폭발할 수 있는 화산과 공존하는 초연함
작은 물건을 크고 비싸게 파는 상술
40여 개의 현을 일치하여 다스리는 지혜
대륙을 지배하려 침략도 서슴치 않는
세계의 경제 대국을 꿈꾸는 야망

비록 몸과 환경은 작지만
생각과 꿈만큼은 대국을 꿈꾸는
무섭고도 행복한 우리의 이웃 나라 일본

금수산 정방사에 올라서니

청풍호를 끼고
치벽대를 지나 굽이굽이
산길을 돌아 올라서니
절벽 같은 암벽 위에
초연하게 자리 잡은 정방사
요사채 마루에 걸터앉아
세상을 바라다보니
청풍호가 장관을 펼치고 있네

금수산 정기가
내려오다가 머문 자리
뒤뜰에서
암반수 한 모금으로 목 축이고
앞뜰에 서서
심호흡을 하고 나니
부처님이 가져가셨나
청풍호 속으로 빠져 버렸나
티끌보다 더 많았던
속세의 근심걱정
어디론가 사라져 버렸네

탄생

수억의 경쟁을 물리치고
세상 어느 수식에도 없는
하나 더하기 하나가
둘이 아닌
다시 하나가 되었다네요

온누리 어떤 형체보다도
찬란하고 아름다운
수정 같은 투명체가
점점 자라나기를……,

삼백 날의 기나긴
고통의 날들이 지난 후에야
비로소 세상 밖으로
나올 수 있었던 그날……,

하늘에는 영광이
땅에는 기쁨이
온누리는 축복이
세상에 태어남을 알리는
첫 울음의 고고성은
행복을 향해가는 축복의 행진곡

초년 시절

산골 중 산골 월악산 골 마을에서
죽음에서 다시 태어나야했던 운명
너무도 허약한 나머지
개구리 가재 잡아 몸보신하며
덕산초등학교를 비가 눈이 오나
10여 리 길을 6년간 다녀야 했고
너무나 빈촌가정이라 방과 후에는
농사일까지 거들어 주어야 했으며
청풍중학교 유학을 위해 13세부터
부모 곁을 떠나 객지로 떠났으며
고등교육은 충주에서 자취생활로
학비는 장학금으로 충당을
한창 자라날 세대에 잘 먹고
잘지내지 못하여 지금까지도......,

흔적

밟으면 밟을수록
더욱더 돋아나는 잡초처럼
나뭇가지를 자르고 나면
또 다른 가지에 새움이 돋아나듯이
오른발을 꺼내려 애써보면
왼발마저 빠져버리는 늪처럼
그리움을 잊으려 하면 할수록
점점 더 깊어져 가는 상념들

온몸 구석구석까지 퍼져버린
그대의 살내음과 향기
지우려 하면 할수록
점점 더 깊이 퍼져가는
사랑의 흔적들을 어찌하리요

내 고향

내 고향은
산골 중의 산골 두메나 산골
뒤를 보아도 앞을 보아도
보이는 것은 첩첩의 산

뒷산이 평범한 산도 아닌 월악산
그래도 영봉(靈峰)이 감싸주고
비가 오나 눈이 오나 초등학교 육 년간을
하루도 빠짐없이 걷던 흙먼지 길
자동차라곤 아침에 제천을 향해 출발했다가
저녁노을 질 무렵 다시 돌아오던 버스가 전부

저녁노을 질 때쯤이면 온 마을이
굴뚝에서 연기가 모락모락 피어오르던 내 고향
태어나 강산이 여섯이나 바뀐 탓에
참으로 많이도 변해버렸네……,

고향산천 모두가 변했어도
오로지 변치 않은 건
정든 내 고향 정든 우리 집이
반겨주는 포근함 뿐이라네

발자국 소리

뽀드득뽀드득 소리
눈 위를 걸어가는 발자국 소리

뚜벅뚜벅 걷는 소리
지친 나그네 발자국 소리

콩~당 콩~당 소리
아기 뛰노는 발자국 소리

사뿐사뿐 걷는 소리
연인들 발자국 소리

타박타박 걷는 소리
일터 나가는 발자국 소리

힘겹게 들리는 발자국 소리는
삶에 무게로 어깨마저 짓눌려
걸어가는 터부~덕 터부~덕

더 많은 세월이 흐르고 나면
이소리마저도
들을 수 없는 날이 올 것 같네요

천사의 미소

얼굴은 하나이지만
천 가지도 넘게 표현되며
얼굴 하나에 마음부터
인생의 모든 것까지 담겨 있기에
하루의 시작은 아침이며
아침 얼굴 표징에 따라서
미소로 시작하는 아침
미소로 시작하는 하루
미소가 곧 인생의 성공 여부까지도
세상에서 가장 아름다운 미소는
천사의 미소 같은
프랑스 루브르 미술관에 있다는
모나리자의 미소 같네요
행복한 인생을 위하여
날마다 천사(모나리자)의 미소로
시작하는 하루가 되기를......,

*레오나르도 다 빈치가 피렌체의 부호(富豪) 프란체스코 델 조콘다를 위하여 그 부인(24~27세)을 그린 초상화. 현재 프랑스 루브르미술관에 원본보관중이며 모나리자의 모나는 이태리어의 유부녀에 대한 경칭이며. 그림특징은 눈썹이 없으며 보는 방향에 따라 눈동자가 따라 움직이는 것 같다.(1994.12방문)

꽃잎, 허공에 파문을 빚다

제2부 / 여름날에

그대였으면

하루에도 몇 번씩 듣고 싶은 목소리가
바로 그대였으면 좋겠습니다
하루에도 수없이 오는 문자의 주인이
바로 그대였으면 좋겠습니다
저 멀리서 들려오는 발자욱 소리가
내가 기다리는 바로 그대였으면 좋겠습니다
창 너머 들려오는 아름다운 노랫소리가
내가 그리워하는 바로 그대였으면 좋겠습니다
길 떠날 때 가슴에 담고 가고 싶은 사람이
바로 그대였으면 좋겠습니다
카페에서 그윽한 대화를 나누고 싶을 때
생각나는 사람이 바로 그대였으면 좋겠습니다
파도 치는 바닷가를 함께 걷고 싶은 사람이
바로 그대였으면 좋겠습니다
세상에서 가장 사랑스럽고, 그립고 또한
나의 깊고 깊은 가슴속에 존재하는 사람이
내 앞이 아닌 내 곁에 있는
바로 그대였으면 좋겠습니다

결혼식 풍경. 1

입가엔 미소가
머무를 시간조차도 없네
오늘따라 키도 더 커보이고
늠름함도 하늘을 찌를 듯
하객들도 번듯 번듯
최상의 모델들만 모은 듯
백마 타고 하늘에서
내려온 왕자님 모습
나보다 더 잘난사람 있으면
나와보라는 늠름한 자태

입장하는 발걸음마다
온 천하를 온 지구를 발아래로
한껏 치켜세운 주례사
어쩜 저렇게 멋진 신랑을
세상모든 것을 다 얻은듯한
백마표 ,천마표 새신랑......,

자랑스런 아들 장가가는 날
결혼식장 풍경이랍니다

결혼식 풍경. 2

신부 얼굴에서
미소라곤 찾아볼 수 없고
오늘따라 더 초조해 보이고
마음마저 동동 바쁘기만 하네

구름 타고 하늘에서
내려온 천사님 모습
외모는 온갖 좋은 것
모두 동원되어 바르고 붙였건만
입장하는 발걸음은 행진곡에
맞추려 애써 보지만 무겁게만 느껴지고
혼신을 다해 추켜 세우는
주례사는 귓전에서만 맴도네
세상의 모든 것을 다 잃어버린듯한
천사표, 공주표, 울 신부님……,

모두를 떠나 보내는듯한
딸자식 시집 보내는 날
결혼식장 풍경이랍니다

청년 시절

워낙 가난한 가정 탓에 대학진학은
꿈도 못 꾸며 일단 전문대로 입학
충주전문대 졸업 전부터 취업전선 찾아
왕십리 가내공장 실습생으로
본격적인 생업 찾아 대관령 99 구비를 넘어
물 설고 낯선 땅 체신부 강릉무선국 부임
국민의 의무를 다하고자 논산을 거쳐
춘천. 양구. 원통 지나 서화리 63포병으로
전역 후에는 곧바로 강릉무선국을 떠나
우리나라에서 제일 높은 곳 서울(남산)타워로 전출
결혼은 부모님 의견 좇아 평일에 제천화랑예식장
신혼여행은 수안보를 거쳐 시골고향에서 각 1박씩
좀 더 나은 직장을 찾아 나서던 끝에 득남도 하고
한전. 수협. 농협. KBS를 제치고 한국도로공사로 전직
첫 부임지가 도공에서 가장 힘들다는
도공의 훈련소 같은 수원도로관리소로 발령

내 모든 것을

가까이 있으면서도
멀게만 느껴지고
때론 멀리 있어도
가깝게 느껴지는 그대

그대를 만나기 위해
그렇게도 멀고도
험한 길을 달려왔어야 했던 것일까

그대를 내 품속에 넣기까지
그렇게도 오랜 날들이 흘러야 했던가
그대로부터 사랑받기 위에
수많은 아픔을 겪어야 했던가

그대를 내 안에
영원히 잡아두기 위해
내 모든 것을 불살라야만 했던가

그대는 내게 있어

눈을 감아도
길을 걸어도
아련히 떠오는 그대의 모습

아침에 눈을 떠서
잠이 드는 순간까지도 보사라
꿈에서까지도 그리운 그대

그대의 숨결 소리만 들어도
그대의 음성만 들어도
내 모든 것을 앗아갈 듯한 그대

지우려 하면 할수록
장마 속 잡초 피어나듯이 점점 더
내 온몸을 휘돌아 치는 그대의 향기

그대는 내게 있어
어떤 존재이기에 바라만 보아도
내 모든 것을 송두리째 삼켜버리는 그대

그대는 내 육신과 영혼까지도
내 모든 뼈마디에 묻혀있고
혈관 타고 흐르는 핏속에 있는
정마저 가져간 아주 무서운 사람

내 안에 남을 사랑

어설픈 만남은
눈에서 멀어지면 마음도 멀어지고
마음에서 멀어지면
서서히 잊혀가기 마련이다

떠나는 자 잡지 말며
돌아오는 자 막지 말고
내사람 되기 힘들 거라면
꿈도 꾸지 말고 조용히 물러서며
상처로 남을 사랑이라면
방생하듯이 놓아 주소서

내 사랑 그대가 영원히
내 안에 남을 사랑이라면
내가슴에 꼭 묻어두소서

파도

칠흑 같은 어둠 속에서
적막강산만큼이나 고요하던 바다가
희미한 별빛 사이로
서서히 출렁이기 시작하네
잠시는 서서히 밀려 왔다 갔다 하더니
어느새 점점 거칠어지기 시작하며
듬성듬성 떠있는 바위를 사정없이
부딪칠 때마다 산산이 부서지는 파도

하얀 속살이 깨어질 때마다
울부짖음이 하늘을 찌를 듯이 터져나오고
온몸이 상처투성이가 되고
지칠 대로 지쳐 버릴 때쯤이면
파도는 서서히 가라앉기 시작하여
마침내 파도는
솜털만큼이나 보드라운 모래 언덕을
서서히 미끄러질 듯 미끄러질 듯
밀려왔다 밀려가 버리다가는
숨소리까지 멈춰버린 호수 같은
고요함을 가슴에 담은 채 제자리로 돌아온다

그저 바라보기만 해도

아무 생각도 없고
특별히 원하는 것도 없다
굳이 오가는 말도 필요 없다
그저 바라만 보아도 좋다

그저 바라보기만 해도
삶이 기쁨으로 빛나고 오가는 눈빛만으로도
행복과 즐거움이 넘치네. 드러내놓고
자랑할 만한 것도 없다
그저 바라보기만 해도
자체가 기쁨이요. 행복이다

어제도 오늘도
뒷모습만을 바라볼 뿐인데도
마음속 깊은 곳까지
기쁨으로 가득 차 있을 뿐이다
그저 바라만 보아도
그대 속에 내가 있고
내 안에 그대가 있어
늘 우리는 사랑스런 마음뿐이라네

부부

부부란
남남끼리 만나서 살다가
남남으로 돌아가는 사이
가장 가까이 있으면서도
때로는 아주 먼 곳의 사람처럼
피 한 방울 안 섞인 남남으로 만나서
피 섞인 형제보다 더 깊은 사이

좋을 때는 한없이 좋은 사이라도
싫어지면 한없이 미워지며
살아갈수록 고운 정보다는 미운 정이,
항상 이해와 인내심이 우선적으로
전생에 악연으로 지내던 사람들이
이승에서 만이라도 화해하라고 맺어준 사이

하나 더하기 하나가 하나가 될 수도 있고
하나 더하기 하나가 둘도 될 수도 있는 사이
늙고 병들어도 내 몸처럼
서로가 아껴주는 부부가
세상에서 가장 행복한 부부랍니다

시집 보내던 날

단칸방 전세 살면서도
아들 낳고 다음으로 딸 낳았다고
덩실덩실 어깨 춤추며 그렇게 좋아했는데
직장 가서도 눈에 어른거리고
바라보기만 하여도 배가 부르고
삼백예순날들의 강산이 세 번씩 변해도
항상 꺼질세라 다칠세라 고이고이 키운 여식

내 딸 주희가 태어나던 날이
어제 같아 보이는데
어느새 세월 흘러 시집을 간다 하니
도저히 믿어지지가 않네
결혼은 인륜지 대사라 하거늘
사람으로 태어났으면
당연히 결혼도 하고
배 아파 자식도 낳아봐야 하기에
잡을 수만 없는 것이
또한, 인지상정이라
새로운 둥지를 찾아서 떠나보내는
부모의 애달픈 심정을 알기나 할까마는……,

비록 둥지를 떠나더라도 마음만은 변치 말고
남편을 물론 시부모님께도 내 부모처럼 잘 모시며
아들 딸 낳아 행복한 가정 이루고
늘 감사와 사랑의 따듯한 마음으로
부디부디 잘 살아다오

2010. 08. 28년
좋은 날에 아버지가

여름 날

젊음의 혈기와도 같은 여름날
모든 것이 싱싱함 그대로
뜨거운 태양의 열기는
혈기로 되살아나서
두려움은 모두 사라지고
무엇이든지 다할 수 있는 패기로 분출
인생에 있어 이보다 더 좋을 수는 없다
끝없이 펼쳐지는 희망의 박동소리
한줄기 소나기는 보약과도 같고
천둥의 소리는 심장의 맥박소리
젊음 패기 용기 희망
모두 내게로 오라
내겐 무엇이든지 다 할 수 있는
용기와 희망이 있어 너무도 좋다
바로 여름날 같은 젊음이 함께하기에……,

충주호

태백의 골짜기
황지 연못에서 시작한 물 한 방울이
태백, 영월 동강을 거쳐

단양팔경 도담삼봉과 옥순봉을 지나
비단처럼 아름다운 금수산과
청풍명월의 고장에서 잠시 쉬었다가

월악산과 송계계곡 절경을 담아
흘러흘러 호수를 이뤄내고
끝내는 닭 울음소리가 들린다는
충주 계명산 앞에서 멈추고 말았다네

앞을 내다보니 우륵의 탄금대와
우리나라 중앙을 알리는 중앙탑까지
명산대천 이 고을 저 고을 물을 담아
호수를 이룬지 벌써 25년 세월
정겨움이 묻어나는
내 마음의 고향 충주호

칠월 칠석날에

전설 속의 칠월 칠석은
한해에 한 번
견우와 직녀가 만났다는데
그것도 은하수 흐르는 강을 고맙게도
까마귀와 까치가 오작교 다리까지 놓아주어서
세상이 변해도 너무 변해
은하수 흐르는 별밤은 찌든 공해 탓에
찾아 보려야 볼 수도 없고
오작교 만들어줄 까치와 까마귀는
어디로 갔는지 찾을 길도 없네
만나고 싶은 사람은
시간 장소 구애 없이
시도 때도 없이 언제라도
만날 수 있는 좋은 세상
직접 못 보면 영상으로는 단 몇 초 만에도
보고 싶은 사람을
뜸을 들여가며 상상도 해가며
가슴앓이도 해보고 애타게 기다려도 보고
오르막 내리막을 지나서 만날 때
그 만남이 더 소중할 텐데
요즘 시대는 너무 쉽게 만나고
헤어지기도 쉬운 터라
진정한 마음이 담긴 칠월칠석은
철새처럼 저 멀리 날아가 버렸지만
칠월 칠석날 눈물비는 올해도 내린다네

가슴이 터질 것만 같네요

좋은 것을
좋다고 말 못하고

싫은 것을
싫다고 말 못하고

웃고 싶을 때
웃을 수 없으며

울고 싶을 때
울 수 없는 마음

큰소리로 외쳐 보고 싶고
펑펑 신나게 울어 보고 싶지만
가슴만 갈기갈기 찢어지며 터질 것 같네요

청풍명월

동쪽으로는 금수산이 자리 잡고
서쪽으로는 비봉산이 내려앉고
그사이로는 남한강이 도도히 흐르며
봄이면 이 고을 저 고을 꽃바람이
여름이면 얼음 바람이 불어오며
가을이면 황금 물결 오곡바람이
겨울이면 살을 에는 듯한 바람이 불며
사시사철 맑고 고운 바람이 항상 불어오고
보름날이면 망월산에 달까지 떠올라
아름다움을 더하던 고을 중의 으뜸 고을
이름하여 청풍명월의 고장
청풍 고을은 물속으로 묻혀 버리고
위풍당당하던
한벽루 금남루 팔영루는
망월산성으로 옮아앉아
그날을 영화를 말없이 지켜보고 있구나

한벽루에 올라

동쪽으로는 금수산을
서쪽으로는 비봉산을
그 사이로는 남한강이
도도히 흐르는 강변 언덕

청풍명월의 고장 청풍고을
풍류객들이 모여서
시조를 읊으며
위풍당당하던 한벽루였는데

수몰의 위기를 모면하려
망월산성으로
쫓겨가듯 피난가듯
옮겨온 지 어언 30년 세월

그날의 풍객도 그날의 찬란하던
자태도 오간데없고
온갖 풍상에 골 깊은 싸리나무 기둥과
세월의 때만 가득한 마룻장뿐이네

사랑보다 깊은 情

그렇게도
뼈에 사무치리만큼 그리웠던가요
참을 수 없을 만큼 보고 싶었던가요
다시는 못 보리라고 생각하니
가슴이 어지러울만큼 슬펐던가요
그대같이 情 많은 사람을 만나리라고는
생각도 상상도 못했었기에
더욱 애절한 아픔이 밀려오네요

사랑보다 더 깊고도
무서운 것이 情이라는걸
이제서야 알았답니다
다시 태어난다 해도 그대 같은 사람을
만날 수 없을 것 같은 생각이
너무도 깊은 상처가 되어
숨 쉬는 것조차 힘이 드네요

우리의 인연이
여기 까지라는걸 알고부터는
그대가 더욱더 소중하네요

그대로부터 받은 깊은 상처가
너무나도 아프고 쓰려서
감당하기조차 힘드네요

다시 만나는 날이 온다면
못다 이룬 사랑을 위해서라도
그대의 情을
내 가슴속 깊은 곳에 묻어 두렵니다

말없이 떠나가세요

하늘이 무너지는 아픔이 오고
두 번 다시 사랑할 수 없다 하더라도
가슴이 터지는 슬픔이 닥쳐온다 하여도
그대가 가는 길만은 열어드리오니
부디 가시다가 뒤돌아 보시지도 말고
부르더라도 말없이 떠나가세요
그대가 마지막으로 내게 사랑했었노라
하시던 말씀도 그냥 잊기로 했습니다
어차피 그대는 다른 사랑에 빠져
내게 주었던 아름다운 추억도 잊을 테니까요
나 또한 나의 가슴속에 담아두었던
당신의 마지막 아름다운 모습까지도
고이 담아 보내 드리겠습니다

그냥 그대로

그리움이 마음에 쌓이는 대로
눈물이 고이면 고이는 대로
애타는 마음이 생기면 생기는 대로
그냥 그대로 묻어두자

보고픈 마음이 생기면 생기는 대로
고민스런 마음이 생기면 생기는 대로
마음에 상처가 나면 나는 대로
그냥 그대로 묻어두자

속이 터지고 찢어지는 맘이 생기더라도
세월이 흐른 후에 비록 후회하더라도
억울하여 통곡할 일이 생길지라도
그냥 그대로 묻어두자

내가 애타게 갖고 싶다고 해서
모든 것이 이루어질 수는 없는 것
비록 육신은 가질 수 있다 하더라도
그대의 마음까지 가져올 수는 없는 것
마음이 열리는 그날까지는 그냥 그대로 묻어두자

제3부 / 가을 들녘

오일 장

닷새에 한 번씩 돌아오는 장날이면
이른 새벽부터 각지에서 모여든
장사꾼(장돌뱅이)들이 보따리를 펼치기 시작한다

각자 정해진 자리가 있어
일사불란하게 품목별로 펼치되
남의 영역은 절대로 침범하는 일은 없다

공터 한곳에는 어김없이 약장수가 한몫을 차지한다
각설이를 등장시켜 구성진 노래와 구수한 만담으로
장꾼들을 한바탕 웃기고 나면 어김없이
만병통치에 좋다는 이름도 없는 약을 들고 한바퀴 돈다

정오가 지나서부터는
장사꾼들은 다음 장 서는 곳에 떠날 채비를 위해
슬슬 짐을 챙기기 시작하며
장꾼들도 하나둘씩 빠져나가기 시작한다

끝나가는 파장 무렵이면
이 고을 사람 저 고을 사람 만나서
순대 접시를 사이에 두고
서로의 안부를 겸한 대폿잔이 오간다

서산에 해가 기울어져 갈 때쯤이면
양손에는 가족들을 위한 고등어. 미역. 왕사탕……,
얼굴은 저녁노을, 취기 오른 붉은 모습으로
터벅터벅 집으로 향한다
또다시 다음 장날을 기약하면서……,

가을 들녘

어떤 이는 한 송이
국화꽃을 피우기 위하여
봄부터 소쩍새가 울었다고 하지만
봄에 씨앗을 뿌리지 않았다면
이렇게 풍요로운 황금 들녘을
꿈에라도 생각이나 했었을까

드높은 하늘 아래 펼쳐진
누런 바다를 바라만 보아도
마음까지도 부자가 되는 가을 들녘
하늘을 쳐다보아도
들녘을 바라만 보아도
마음의 창 너머로 보아도
모두가 넉넉한 가을 들녘

벼가 익을수록 고개가 숙여지듯이
사람도 황혼녘에 이를 때쯤이면
오곡백과가 익어가는 가을 들녘처럼
몸과 마음이 저녁노을에 불타고 있다네……,

그리움

봄날 아지랑이 피어나듯이
아른거리는 그리움
여름날 분수대 물줄기처럼
힘차게 솟구치는 그리움

가을 하늘 뭉게구름 피어나듯이
몽실몽실 피어나는 그리움
한겨울 고향마을 저녁연기처럼
모락모락 피어나는 그리움

아침에 눈을 떠서 잠들기까지
때로는 꿈속까지도 나타나는 그리움
세월 흘러 계절이 바뀌어도
변하지 않고 점점 더 깊어만 가는
가슴 터질듯한 그리움

마음의 상처

눈이 아픈 사람은
눈이 가장 아픈 곳인 줄 알고
팔이 아픈 사람은
팔이 가장 아픈 곳인 줄 알며
귀가 아픈 사람은
귀가 가장 아픈 곳인 줄 알고
다리가 아픈 사람은
다리가 가장 아픈 것으로 안다

그러나 몸 중에서 가장 아픈 곳은
마음에 생긴 상처랍니다
어디에도 마음의 상처를
치료하는 곳은 없으며
마음에 생긴 상처는
마음으로 치료할 수밖에 없답니다

영원한 사랑이란

꽃같이 아름답고 향기롭게 피어나는 사랑도
그 향기가 지고 나면 그만이고
보름달빛에 새긴 사랑도
그믐이 되면 어둠으로 묻혀버리고
시냇가에서 새긴 사랑은
강물 따라 흘러가버리면 잊혀지고
극장에서 새긴 사랑은
스크린에 불이 환이 켜질 때쯤이면 잊혀진다네
카페에서 새긴 사랑은
찻잔이 비워질 때쯤이면 식고
모닥불 피워가며 불길같이 새겨진 사랑도
불길이 꺼질 때쯤이면 재처럼 식어가고
바닷가에서 파도소리 들어가며
모래 위에 새긴 사랑도 파도가 쓸고 가면 지워지고
별을 세어가며 만들던 그 아름답던 사랑도
새벽녘 아침이 되면 지워져 버리고
세상의 모든 사랑이 다 지워진다 해도
그래도 지워지지않는 영원한 사랑은
그대 가슴속에 내가 있고
나의 가슴속에 그대가 있는
가슴속 깊이 새긴 사랑뿐이랍니다

미안한 마음

치료비를 빌리러 온 친구를 되돌려 보냈을 때
돈 빌리고 약속된 날에 갚지 못했을 때
형제간에 작은 일로 다툼을 했을 때
부모님의 마음을 불편하게 했을 때
선배에게 존경스런 표현을 못 했을 때
후배를 따듯하게 이끌어주지 못했을 때
나보다 강자에게 약자처럼 비굴하고
나보다 약자에겐 강자처럼 행동했을 때
동창생 녀석이 행색이 초라해 보여 외면했을 때
한때는 사랑했던 사람을 외면하며 지나쳤을 때

나의 말 한 마디로
가슴에 깊은 상처를 받게 했을 때와
나보다 못한 이웃에게
나눔과 베풀기에 인색했을 때가
살아가는 동안에 두고두고
가장 미안한 마음이랍니다

상처

농부는 농사일하다가
손가락, 발가락을 다쳐
상처를 입을 수 있고
운동선수는
운동에 열중하다 보면
신체의 어딘가에 상처를 입을 수 있다

연로하신 어르신들을
몸 가누기가 힘들어
넘어져 골절을 다쳐 상처로 남게 되고
철부지 아이들은
정신없이 뛰놀다 보면
멍들고 피나고 상처투성이다

살다 보면 누구나
한두 번쯤은 어딘가를 다쳐서
상처를 입게 된다
이런 외적인 상처는
시간이 지나고 치료를 받으면
곧바로 낳을 수가 있다
그러나 한번 입은 상처로
영원히 지워지지도 치료도 안 되는 것은
바로 우리들의 가슴에 생긴 마음의 상처

소식(小食)

사람은 많고 많은 욕심 중에서도
먹는 것에 대한 욕심
좋지 않은 줄 알면서도
버려지지 않는 것은
배불리 먹어야
잘사는 줄 아는 생활습관

소식은
우리의 심신을 건강하게
소식은
우리의 생활을 아름답게
소식은
우리의 가정을 행복하게
소식은
우리를 오래도록 살 수 있게

소식의 원조
일본은 그래서 장수의 천국
100세 이상이 만 명을 넘는다네

에펠탑

프랑스 파리를 찾는 여행자라면
제일 먼저 눈에 들어오는 것은 에펠탑
프랑스 혁명 100주년 기념 만국박람회장
볼거리로 개관되었던 에펠탑
철구조물 속에서 120년을 고장 없이
오르내리는 관광용 승강기의 경이로움

곳곳에서 묻어나는 에펠의 설계와 시공
섬세한 솜씨에 감탄과 찬사
300M 높이의 철탑에서 내려다보는
파리시내의 야경 또한 감탄 감탄뿐

세느강 유람선 선상에서 올려다보는
에펠탑의 장엄함 또 한 번 놀라워라
예술의 도시답게 파리를 상징하는
에펠탑이여! 영원히 빛나거라!

*에펠탑 : 1889년 5월 6일 프랑스혁명 100주년 기념 만국박람회 기념으로 개관된 에펠탑은 높이가 300미터에 통신탑 20미터를 추가 총 높이 320미터로써 순수 철강제로만 구성되어 있으며 무게만도 7,300톤이며 설계자 에펠의 이름을 따서 에펠탑으로 부른답니다 (1994. 12. 1 방문)

아름다운 말들

세상을 살아가면서
많이 할수록 좋은 말
감사합니다

세상을 사는 동안에
많이 쓸수록 좋은 말
고맙습니다

세상을 사는 동안에
이웃에게 주고 싶은 말
반갑습니다

세상을 사는 동안에
열심히 일하는 사람에게 하는 말
당신은 행복한 사람입니다

세상을 살아가는 동안에
베풀며 사는 사람에게 하는 말
당신은 소중한 사람입니다

세상을 살아가는 동안에
아무리 써도 아깝지 않은 말
당신을 사랑합니다

세상을 살아가는 동안에
사랑을 실천하는 사람에게 하는 말
당신은
세상에서 가장 아름다운 사람입니다

여심

여자의 마음이란

여름날 작열하는 태양처럼 뜨거운 열정도 있고
때로는 엄동설한의 칼바람보다 더 매서우며
봄날 햇살처럼 따사롭기도 하며
드높은 가을날씨만큼이나 청명하기도 하다
주어도 주어도 끝이 없어 보이기도 하며
채워도 채워지지 않는 항아리 같기도 하다
궁전 속에 살아가기는 공주 같아 보이기도 하고
때론 태평양 바다 속처럼 보이도 않는다
좋을 때는 가진 것에 보태서 전부를 다 주기도 하지만
돌아설 때는 물거나 상처를 주고 미련없이 떠난다

데이트 중 여자의 마음은
이 남자가 나의 마지막 남자가 되기를 바라는 반면
남자는 이 여자가 첫사랑의 첫 여자이기를 원한다
여자의 마음이란
언제 어떻게 변할지 모르는 생물과도 같고
언제 어디로 튈지도 모르는 럭비공 같기도 하며
잘못하면 깨어지는 유리구슬과도 같다
따라서 항상 조심해서 잘 다루어야 한다

중년시절

중년시절 시작은
단칸방이지만 첫아들 낳고
다음으로, 딸자식도 낳고
그래도 국가의 대동맥
그것도 우리나라에서 첫 시작되는
콘크리트 포장 중부고속도로 건설
음성휴게소 육각정에는
지금도 석용호 내이름 석 자가 각인되어 있다
서슬퍼렇던 5공 시절 작품
속초에서 연수원 마련하느라
경주에선 우리나라 최초 한옥톨게이트
경부선 8차선 확장공사 덕분에
노태우 대통령을 직접 목전에서
기념식수 지켜보던 때도 있었지
어느덧 열정에 불탔던
중년시절도 가고……,

초가지붕

가을걷이가 끝나갈 무렵이면
집주변까지 어느새 하얗게 서리가 내린다
기다리는 것은 초가지붕을
새 볏짚으로 바꾸는 일이다
벼 타작을 하고 남은 볏짚으로
화롯불까지 곁에 두고 호호 불며
몇 날 며칠을 이엉 엮기를 한다

이엉이 준비되면
묵은 초가지붕은 걷어내고 새 볏짚으로
새벽 벽두부터 시작한 작업은
지붕 끝단을 자르는 작업을 끝으로
초가지붕의 멋진 풍경은
보름달만 한 박덩이가 여기저기 뒹굴 때와
누런 새 볏짚으로 바뀌었을 때이다

정겨웠던 초가지붕 풍경은
눈감으면 아련히 떠오르는
먼먼 전설 속으로 떠나가 버렸지만……,

용서의 두 마음

사람과 사람이 더불어 살다 보면
남에게 상처를 줄 수도 있으며
남으로 인하여 상처를 받을 수도 있다

상처를 준 사람으로서는
용서를 구해야 하고
상처를 받은 사람으로서는
용서를 해주어야 한다

상대가 용서를 구하기 전에
용서를 해줄 줄 아는 것이 진정한 용서이며
상대가 용서를 베풀기 전에
먼저, 용서를 구하는 것이 진정한 용서이다

용서란 오래 잡고 있을수록
서로에게 상처만 깊어 갈 뿐이기에
빠를수록 먼저 할수록 용기있는 사람이다

즉심 불이

때만 되면 명산대천을 찾아서
소원을 빌고 또 빌고
자식이 멀리 떠나도
무사귀환을 빌고 또 빌고
일이 안되면 조상을 탓하며
잘되기를 또 빌어도 보고
우리 부모님 살아생전 고생하셨는데
돌아가셔서는 극락왕생하시길 빌고
극락전 대웅전 산신각 찾아
빌고 또 빌어보지만
부처님은 말씀이 없으시네

부처는 법당에만 있을 줄 알고
열심히 찾아 나서지만
부처는 먼 곳에 있는 것이 아니라
내 육신과 함께 있는
즉심 불이 곧
마음이 곧 부처인 것을……,

그저 바라보기만 해도

아무 생각도 없고
특별히 원하는 것도 없다
굳이 오가는 말도 필요 없다
그저 바라만 보아도 좋다

그저 바라보기만 해도
삶이 기쁨으로 빛나고 오가는 눈빛만으로도
행복과 즐거움이 넘치네. 드러내놓고
자랑할 만한 것도 없다
그저 바라보기만 해도
자체가 기쁨이요. 행복이다

어제도 오늘도
뒷모습만을 바라볼 뿐인데도
마음속 깊은 곳까지
기쁨으로 가득 차 있을 뿐이다

그저 바라만 보아도
그대 속에 내가 있고
내 안에 그대가 있어
늘 우리는 사랑스런 마음뿐이라네

그대를 항상 내 곁에

그대의 모습이 너무도 보고 싶을 땐
그대의 얼굴을 마음으로 그려 보세요
그대의 따듯한 품이 그리워질 때는
두 눈을 살며시 감고 기다려 보세요
그대의 내음과 향기를 원한다면
두 팔을 벌리고 숨을 깊게 들여 마셔 보세요
그대를 지독히도 사랑하고 싶을 땐
온몸으로 그대를 감싸듯이 안아 보세요
그대를 미치도록 만나고 싶을 땐
애타는 메시지를 담아 보내 보세요
그대가 무척이나 미워지는 날에는
다리를 아플 만큼 꼬집어 보세요
그대 사랑의 깊이를 알고 싶으면
가슴에 묻어두었던 말로 고백해 보세요
그대가 내 곁을 떠나길 원하면 놓아두세요
상처가 아물때쯤이면 돌아올 거예요
그대와 영원히 함께 있기를 원하면
그대를 항상 따듯하고 정이 담긴 마음으로
내 앞보다는 옆에 있도록 살포시 잡아주세요

그리운 마음

강물은 흘러 흘러
어디론가 떠내려간다
구름은 이리저리 떠돌다가는
흩어지거나 사라져 버리고
바람도 불어오는가 하면
느낄 사이도 없이 사라져간다

그토록 찬란하던 아침 햇살도
저녁이면 서산을 넘어가고 어둠 속으로
고속도로를 신나게 달려오는
차량행렬도 순간적으로 사라져 버리고
아무리 지우려 해도 지워지지 않으며
세찬 소낙비로 씻어 내려 해도 씻기지 않고
강물에라도 던져 버려도 버려지지 않는 건
오직 정으로 꽉 찬 그리운 마음

가슴 깊이 뿌리내린 그리운 마음을
어찌 잊을 수가 있겠는가
어찌 지울 수가 있겠는가
어느새 그대는 내 안에
나는 그대 안에 존재하기에
항상 내 머릿속에 되살아나는 건
오직 情으로 가득 찬
끝없이 그리운 마음뿐이랍니다

욕심에서 깨어나면

사람의 마음이란
소나기가 쏟아지다가도
금새 햇볕이 쨍쨍 나는 여름 날씨처럼
너무도 변화가 심한 터라
언제 어떻게 변할지는
때와 장소 몸의 상태를 포함
내면에 존재하는 감정에 따라서
항상 변화무쌍한 것이 사람의 마음인지라
마음이 안정치 못하면
항상 불안하고 초조하며
그래서 때론 고독하기도 하고
모두가 욕심으로 가득 찬 마음 때문인 것을
욕심에서 깨어나
무심으로 돌아가는 날에는
천국의 문이 열리어
삶 자체가 항상 즐겁고 행복하게 될 텐데……,

착각

잠에서 깨어나는 순간에서부터
잠드는 시간까지
착각 속에 살아간다

지나가는 여인이 아름다우면
내 것으로 만들 수 있다는 생각
내가 가지고 싶다고 하면
무엇이던 가질 수 있다는 엉뚱한 생각

내가 웃는다고
상대도 따라 웃을 거라는 생각
내가 슬퍼한다고
남들도 모두 슬플 거라는 생각
내가 당신을 사랑하고 싶다고 해서
그대마저도 나를 사랑해 줄 거라는 생각

우리는 착각 속에서 시작하여
착각 속에서 하루를 마감하고 만다
모든 것은 내 뜻대로 내 마음대로
안된다는 걸 깨달은 사람이 곧 현자인 것을……,

제4부 / 겨울까지

고통

어렸을 적에는 잘 넘어져서
다시 일어서는 것이 고통이고
학생시절은 성적이 생각대로
쑥쑥 오르지 못하는 것이 고통이며
가난한 사람은 돈이 없어서
경제적으로 생활에 고통을 당해야 하며
각종사고를 당한 사람은
몸이 늘 부자유스러워 고통스러우며
질병이 있는 사람은
투병생활로 인한 고통이 늘 뒤따르고
가정을 책임지고 있는 가장이 없으면
온가정이 불행해지는 고통이 있고
세상을 살다 보면
항상 행복만이 존재하기란 어렵다네

물질적 불행으로 인한 고통도 참기 어렵지만
심적 불행으로 인한 고통 또한 힘들기는 마찬가지
물질적이던 심적이던 남에게
고통을 덜어주지는 못하고 더해주는 것은
자신을 스스로 불행하게 만드는 지름길이라네

달음질 인생

아침에 눈을 떠서
저녁에 잠드는 시간까지
숨가쁘게 달려가며 살아간다
누가 기다리고 있는 것도 아니고
쫓아오는 것도 아닌데
정신없이 달음질치듯이 살아간다
태어나는 순간부터
생을 마감하는 순간까지
평생을 쫓기듯 정신없이 살아간다

숨막히게 달려가며 살거나
천천히 여유롭게 살거나
도착지는 누구나 똑같을 뿐인데
뒤돌아 볼 줄도 알고
가끔은 하늘도 한번쯤 쳐다볼 줄도 알고
때로는 쉬엄쉬엄 쉬었다 가기도 하며
가을 하늘 뭉게구름 피어나듯이
여유로운 삶으로 살아가게 해주소서

두 번 다시는

두 번 다시는
보기 싫어서 떠난 사람이라면
빨리 잊어 버리세요

두 번 다시는
사랑할 수 없는 사람이라면
미련을 버리세요

두 번 다시는
돌아오지 않을 사람이라면
기다리지 마세요

두 번 다시
마주치기 싫은 사람이라면
그냥 눈을 감아버리세요

살아가는 동안에
두 번 다시 만나기 싫은 사람을
만들지도 가까이도 하지 마세요
먼 훗날에 모두가 후회되는 일이니까요

아버님을 기리며

아버님께서 떠나신지도
어느새 두 해가 훌쩍 지나갔네요
지금의 고향마을에서 태어나셔서
돌아가시던 날까지
단 한 번도 외지로 나가신 일이 없이
고향땅을 평생 지켜 오셨던 아버지

열여덟 어린 나이에 가업을 물려받으시고
쓰러져 가던 가세를 세우시느라
노심초사 고생만 하셨던 아버지
우리 칠 남매 당신께서 못 이룬 학업의 꿈과
가난의 대물림이 싫어 손발이 다 닳도록
오로지 자식교육과 농사일밖에 모르시던 아버지

임종이 가까워져 오심을 아시면서도
자식들 모두 직장으로 보내고
평생을 같이하신 어머님께서만
지켜보시는 가운데
조용히 먼길을 떠나셨던 아버지

당신께서 사시사철 농사일하시던
양지바른 밭에 고이고이 잠드셨다가
때때로 찾아오는 자식들 어루만져 주시는 아버지

베풀며 살아가기

쓰레기를 버리고 나면
언젠가는 주워야 할 날이 올 것이며
남에게 해를 끼쳤으면
언젠가는 더 큰 해를 당할 것이며
남을 아프게 하였다면
언젠가는 더 큰 아픔이 올 것이다

남의 눈에 눈물이 흐르게 했다면
내 눈에도 눈물이 쏟아짐을 당하는 날이
남에게 재물에 피해를 주었다면
내게는 더 큰 손실이 온다는 것을
남의 마음을 상처를 주었다면
내게는 더 큰 커다란 상처가 남을 것이다

남에게 해를 주면 백배의 해가 되어 돌아오며
남에게 베풀면 수백 배의 기쁨으로 돌아오기에
항상 작은 것이라도 베풀며 살아가는 지혜를……,

세상에서 무서운 것은

세상에서 무서운 것은
도로를 질주하는
차량으로 생각할 수도 있고
몸이 아픈 사람은
질병을 일으키는 세균일 수도 있으며
동물원에 갇혀있는
야생동물로도 생각할 수 있으며
때때로는 궂은 날의
천둥번개라고도 생각되지만
세상에서 가장 무서운 것은
바로바로 사람이며
그 중에서도
세 치 혀가 제일 무섭답니다
그래서 사람은
항상 말 조심해야 한답니다

세월 가면

처음 만나면 서먹서먹하던 사이도
세월 가면 어느새 정도 들고
모든 것이 에메랄드
보석보다도 더 좋아 보이고
하루라도 못 보면 죽을 만큼
그리워하던 날들도
세월 가면 시들해지고
봄날만큼이나 행복하고
따듯했던 날들도
세월 가면 남는 것은 증오뿐

세월 가면
얻는 것보다는 잊혀가는 것이
점점 더 많아 지는 것을 어찌하리요

아름다운 실수

풍광이 수려한 강변도로에서
나이가 지긋한 남녀가
어쩌다가 교통사고를 당하고 말았다
경찰이 다가와
현장 조사가 시작되었다
남자는 주소를 거침없이 말한다
여자의 인적사항까지 묻는다
남자는 말을 못하고 머뭇거린다

유람선을 타려고
선착장에 남녀가 다가온다
남자가 용지를 가져다가
승선자 인적사항을 써내려간다
자기 것을 다 쓴 뒤에는 용지를
같이 온 여자에게로 슬며시 밀어준다

바라보다가 잠시 생각해본다
저렇게 다정해 보이는 두 사람
즐거운 시간이 끝나고 밤이 되면
돌아갈 때도 같은 집으로 돌아가는 걸까
갑자기 혼돈이 온다
아름다운 실수라고 생각해야겠다

안타까운 사람들

사람은 정신적인 건강과
육체적인 건강이 균형을 이룰 때
비로소 완전한 건강체
육체적으로 건강한 사람도
마음이 병이 들면
육신의 건강도 함께 무너진답니다

정신적 또는 마음의 건강을
해치게 하는 사람들 중에는
어려울 때 도움을 받고도
고마워할 줄 모르는 사람
은혜를 보답은커녕
배반으로 갚으려는 사람

앞에서는 천사 같은 미소로
뒤에서는 비난을 퍼붓는 사람
한 번도 베풀지는 않으면서
무엇이라도 얻으려는 사람
모두가 안타까운 사람

남에게 하나의 악의 씨를 뿌리면
내게는 수백 배로 되돌아옴을 명심하고
살아가는 동안에는 누구에게라도
도움이 되는 참다운 삶으로 살아가기를……,

월급날

누런 봉투의
겉에는 몇 가지 항목과
이름이 적혀있고
봉투를 거꾸로 들면
동전 몇 잎이 뚝 떨어지고
천 원짜리 한두 장 꺼내어 놓고
동전은 모아 포장마차에서 대포 한잔 걸친 다음
처자식 주려고 한 손에는 국화빵 한 봉지 들고
단칸방에 들어설 때는 그래도
오늘 나 월급 탓소!! 하며 소리치며
주고받는 이의 정감이 있어서
기다려지던 지난날의 월급날이었는데
언제부터인가 월급날이 있는지조차
무색하리만큼 감각에서 멀어져갔고
월급봉투는 아예 어디로 갔는지
급여명세서만 컴퓨터에서 확인하면 되고
자동이체라는 명분으로
급여를 주는 자와 받는 자 간에
급여에 대한 감사의 마음은 커녕
세세히 따져보고 살펴보게 되어
마음에서조차 점점 멀어져가는
현 시대의 월급날

겨울까지

봄부터 시작하여
여름 지나고 가을 지나 겨울까지
돌고 도는 물레방아 같은 사계절

출발의 기쁨보다는
마감의 쓸쓸함이 더해가는 겨울녘엔
삶에 무게까지 더욱더 깊어만 가고
잿빛 하늘에서 목화송이 같은
눈이라도 펑펑 쏟아지는 날에는
이리 뛰고 저리 뛰놀던 철부지 적 생각뿐

다시는 돌아올 수 없는 추억중에는
초가지붕 추녀 끝에 달린 고드름 입에 물고
화롯가에 손 녹이던 때
계절은 겨울 지나면 새봄이 오지만
인생의 계절은 주마등처럼 지나
영원히 깨어나지 못하는 겨울잠

우리는 봄부터 겨울까지
무엇 때문에 숨가쁘게 달려왔던가
인생이란 어차피 새옹지마 일뿐인데……,

회갑날에

월악산 산골마을
다 쓰러져가는 초가집 토방에서
나도 세상 구경하러 태어났소
외치던 날이 어느새 육십 년 세월

걸음마 배우고부터는
이 골짝 저 골짝 가재 잡고
산딸기 따러 다니며
책 보자기 둘러맨 열세 살 소년
고향산천 뒤로하고 돈 많이 벌어 귀향하겠다던
약속은 개울물에 떠내려 보냈는지
지금까지도 객지에서 떠돌고 있으며
부모님께 엎드려 큰절하고
동구 밖 나서며 눈물짓던 때는 홀몸이었는데
어느덧 처자식에 손주까지 주렁주렁
이마엔 세월의 주름이 가득히 패여 있고
머리는 반백을 넘어선지 오래전

잔치중의 잔치라는 회갑잔치 벌려놓고
흥겨운 축하 소리는 들려오는데
하늘이 내려준 천수는 넘었고
나머지는 덤으로 살아가야 하는 인생
더욱더 건강하고 아름답게 베풀며 살다가
끝내는 고향땅에 한줌의 흙이 되고 싶다네

자연의 순리

구름 낀 날이 있는가 하면
해맑은 날이 있으며
비 오는 날이 있는가 하면
눈 오는 날도 있으며
아침해가 떠오르는가 싶으면
저녁해는 넘어가기 마련이고
밤에 뜨는 달도 초승달로 시작해서
보름 되고 나면 그믐으로 기울기 마련

봄이면 새싹이 돋아나고
여름이면 꽃이 만발하고
가을이면 열매 맺기 마련
겨울이면 긴 휴식에 들어가고
갓 태어난 아기도 점점 자라나 청년 되고
장년 되고 끝내는 노년 지나서 저승으로……,

세상 모든 자연과 삶의 이치가
자연의 순리에 따라 돌고 도는 것
순천자는 흥하고
역천자는 망하는 것
이것이 바로 자연의 이치라네

자업자득

일이 안 풀리는 것을 누구를 원망하리요
모두가 내 탓일 뿐인데
누구를 미워한들 무엇하겠는가
모두가 내가 시작한 일인데

넘어져 다친 것을 누구를 탓하리요
똑바로 걸어가지 못한 내 탓이지
내게 닥쳐온 불행을 어디에 탓하리요
스스로 자초한 내 탓이지

내 몸에 생긴 상처도
내 맘을 상하게 하는 근심 걱정도
모두가 내 스스로
자초한 자업자득이라네

남을 탓하기에 앞서
내 안의 욕망과 욕심을 버리고
한발 나아가 나를 버리자

천사를 찾아서

한 번도 본적도 없고 만난 적도 없는
상상 속으로만 그려보는 천사
음성도 들어본 적도 없으면서도
항상 귓전에 들려오는 속삭임

어디에 있는지 알지도 못하면서
천사를 찾아서 걸어가는 발걸음
무엇을 하며 사는지 알지도 못하면서도
자꾸만 떠올리는 형상

가끔 오가는 글자가 모두이며
어느 것 하나도 알 수 없는 현실
오늘도 상상 속의 천사를
가슴에 담아 하루를 시작하고
하루를 잠재우려 한다

어찌하면 일생동안 만나지도 못하고
영원히 잊혀 갈 수도 있지만
애써 만나려 서두르지도 않으렵니다
차라리 상상 속에 지내다가
상상 속에 묻혀간다 해도 후회도 않으렵니다
이미 내 모든 것을 통째로 앗아가 버렸기에......,

나의 사랑하는 천사여
내 꿈이 그대 가슴속에
영원히 잠들게만 해주옵소서

장년 시절

장년 시절에는
도공에서 꽃을 피우다
부장으로 승진
임명장을 받고 치악산자락으로
달려가 보니 세상이 변한 듯이
승진은 인생의 꽃 중의 꽃
원주를 거쳐 화왕산 창녕으로
창녕 진흥왕순수비를 뒤로하고
가고파의 고장 마산으로
마산에서 다시 창원시로
도공 덕분에
거제도. 외도. 남해 보리암
여수 향일암. 산청 성철스님 생가까지
경남에서 충청으로 옮겨
무창포. 청원. 금강. 옥천. 본부를 끝으로
2005년12월 한국도로공사여 안녕

후회로운 삶

부모님이 좋아하시는
연시를 혼자 사먹고는
모른 채 하던 때를 후회합니다

오랜만에 본 동창생 녀석의
모습이 초라해 보여 아는 채도 않고
그냥 지나친 것을 후회합니다

불필요한 말로 인하여
이웃의 눈에 눈물이 나게 하고
가슴에 못질을 한 것을 후회합니다

한때는 나를 따르고 좋아하던 사람이
스쳐 지나갈 때 알아볼까 두려워
고개를 돌려 모른 채한 것을 후회합니다

살아가면서 가장 큰 후회는
비록 작은 나눔이라도 베풀지 못한 것과
또한, 사람은 인생을 두 번 살 수 없기에
같은 후회를 반복하는 것입니다

후회는 또 다른 후회를 낳게 되기에
후회되지 않은 삶으로
살아가는 것이 진정한 삶입니다

집착

일이면 일에 대하여
사랑이면 사랑을 위하여
열정을 다 한다는 것은
아름다운 참모습이다

운동선수는 승리를 위해서
학생은 학업을 위해서
직장인은 자기 직장을 위해
최선을 다하는 것 또한 아름답다

집념도 열정도
최선이라는 말도
모두가 아름다운 말이다

비슷하면서도 전혀 다른 말 중에
집착은 참으로 묘한 것이어서
안 되는 줄 알면서도
한번 빠져들면 헤어나기가 힘들다

집착이 자신에게
더 큰 상처가 되기 전에
스스로 마음을 비우고
빨리 떨쳐버리자

잃고 나서 후회

물건을 잃어버리면
다시 구입하면 그만이며
증명서를 잃어버리면
다시 발급받으면 되고
애완동물도 잃어버리면
다시 사서 키워가면 되고
사람도 헤어지거나 잃어버리면
다시 만나거나 새로이 만나면 되지만
한번 잃어버리면
되돌릴 수 없는 것들 중에는
사람의 마음은 한번 잃어버리면
되돌릴 수가 없으며
세월 또한 한번 잃어버리면
다시는 찾을 방법이 없으며
건강 또한 한번 잃어버리고 나면
되돌릴 수 없는 후회스런 일들
잃어버리고 지나간 뒤에 후회하지 말고
항상 지금이 가장 소중하고 중요함을
늘 간직하며 사는 것이 행복의 첫걸음인 것을……,

꽃잎, 허공에 파문을 빚다

제5부 / 귀거래사

돌아올 수 없는 다리

마침내 그들은
이제 다리를 건넜다
다시는
돌아올 수 없는 다리를……,

무슨 사연이 있기에
이렇게 한을 품고 건넜을까
마음이 깨어지면
모든 것이 다 깨어지는 아픔
세상의 무슨 방법으로도
다시 붙일 수 없는 깨어진 항아리처럼
이제 모든 것은 끝났다
그러기에 돌아올 수 없는
다리를 건너는 사람들

아름답고 행복한 자리

태극기는 게양대 자리에서
휘날릴 때가 아름다우며
선수는 시상대에 섰을 때가 아름다워 보이고
신랑 신부는 예식장 단상에
섰을 때가 행복하고 아름답고요

가수는 무대에 서서
열창할 때 모습이 아름다워 보이며
권투선수는 링 위에 섰을 때가
당당해 보이고 아름다워 보입니다

등산가는 산 정상에 섰을 때가
가장 기쁘고도 행복해 보이며
사랑하는 사람과는
마주앉아 바라볼 때보다는
곁에 나란히 함께하는 자리가
가장 아름답고 행복해 보입니다

사람은 태어나서 살아오는 동안의
온갖 풍상과 모든 것을 다 던져 버리고
누워있는 영면의 자리가
세상에서 가장 아름답고 행복한 자리랍니다

행복이 내게로

그대의 머릿결은
비단결보다도 더 부드럽고
그대의 눈동자는
보석보다도 더 영롱하고 아름다워라

그대의 살내음은
꽃내음 보다 더 향기로우며
그대의 목소리는
세상에서 가장 아름다운 소리
그대가 다가오는 소리는
나에게 희망을 주는 소리

그대를 바라만 보아도
그대의 소리만 들어도
그대의 그림자만 비쳐도
세상의 모든 행복이 내게로 밀려오네요

하나로 돌아가고 싶을 때

저 산 위에
홀로 서있는 나무도 하나요
흘러가는 저 강물도
하나의 물방울이었을 것이다

함께 살아가는 수많은 사람도
하나하나가 모여서 이루어진 것이다
사람의 몸체도 하나이기에
내면에 존재하는 마음 또한 하나이며
그래서 情도, 사랑도 하나일 수밖에……,

하나하나는 보석처럼 빛나지만
모여서 둘이 되는 순간부터는
질투도, 미움도, 배신도 생겨난다
그러기에 차라리
하나일 때가 좋았다고 한다
그래서 때론 혼자 일 때를
그리워하기도 하고
하나로 돌아가고 싶어도 한다

두 얼굴

똑같은 이별을 당해도
웃어야 할 때도 있으며
울어야 할 때가 있는 것을

기쁜 날에도
울어야 할 때가 있고
슬픈 날에도
웃어주어야 할 때가 있기에……,

얼굴이란
같은 장소 같은 때라도
어떤 때는 웃어야 하고
어떤 때는 울어야 하며
얼굴이란
곧 마음에 거울이기에
표정 관리가 무척 힘들다

겉으론 웃으면서도
남의 마음을 송곳으로 찌르고
용광로 불길로 태워버리고도
얼굴 하나 변하지 않는 두 얼굴을 가진 사람들
언제 가는 수십 배의 화가 되어 돌아오리라

잠시 머물다가는 인생인데

세상에 모든 사람과 사람의 만남이
영원함이란 있을 수가 없으며
언젠가는 떠나가야하고
사라져야 할 운명이요. 숙명일 뿐
미치도록 사랑하던 사람도
하루종일 그리움 속에 살아가는 사람도
언젠가는 당신 곁을 떠나가야할 운명이랍니다

죽도록 미워하는 사람도 세월이 흐르고 나면
어느 땐가는 당신 곁을 떠나갈 것이며
결국은 자신의 육신마저도
그리고 영혼까지도 떠나갈 것이기에
잠시 머물다 가는 것이 우리 인생인데
미움도 시기도 질투도 원망도 말고
몸도 비우고 가슴도 비우고 영혼도 비우고
단 하루를 함께하더라도 모두 비우고 태고로 돌아가
아름답고 건강하게 그리고 행복하게 살아갑시다

아름다운 삶이란

사람이 태어나서 살아가는 동안
아무도 자신의 삶에 대하여
어떻게 사는 것이 잘사는 것이고
어떻게 사는 것이 잘못 사는 것인지 모르지만
아름다운 삶을 위해서는
쫓기듯 사는 것은 아니며
하늘만 쳐다보며 살 것이 아니라
땅 바닥도 볼 줄 아는 삶을 살아야 할 것이다

매달려 가듯이 사는 것도 아니며
시골길을 걸어가듯이 가다가
힘들면 쉬었다가도 갈 줄 아는 그런 삶
집착하며 사는 것도 아니며
집착하며 산다는 것 또한
무미건조한 기계적인 삶이 될 수 있다
삶이란 내 뜻대로
만사형통으로 살 수만 있다면 좋겠으나
삶이 모두 내 뜻대로 다 이루어지지는 않는 것이다

조금은 마음에 여유를 가지고
지혜와 슬기를 모아서
삶을 살아갈 때 먼 훗날
그래도 후회 없이 살았노라고
그리고 행복하게 살았노라고 할 때
비로써 "아름다운 삶"이었노라고 말할 수 있으리

마음의 거울

그대가 생각날 때는
이름 석 자를 써보세요
그대가 보고 싶어질 때는
얼굴을 그려보세요
그대가 미워질 때는
강물에 돌이라도 던져보세요
그대를 만나고 싶다면
음성 메시지라도 남겨두세요
그대를 가지고 싶다면
그대를 떠올리며 안아보세요
그대가 기다려진다면
두 눈을 살며시 감아보세요
그대의 마음을 알고 싶다면
고이 간직한 내 마음의
거울을 꺼내어 비추어보세요

잊지 못할 두 사람

일생을 살다 보며
오르막이 있는가 하면
내리막도 있기 마련

한해도
봄이 있는가 하면 여름도 있고
가을 지나 겨울도 있기 마련

삶에도
눈물이 쏟아야 하는 날도 있고
박장대소를 하는 날도 있다네

내가 살아온 날 중에서
잊어서는 안 될 두 사람
한 사람은 내가 어려울 때
두 손을 내밀어 건져준 사람
한 사람은 내가 어려울 때
곤경으로 밀어넣은 사람

등잔불

먼먼 옛날 이야기가
저절로 나올것 같은 고향마을
서산너머 해 지고
땅거미가 내려올 때쯤이면
이집저집 하나 둘씩
희미한 불빛이 켜지기 시작한다

저녁상을 물리고 나면
등잔불을 사이에 두고
옹기종기 모여앉기 시작하네
어머니는 헌옷 가지를 기우시고
아버지는 농사에 쓸 새끼를 꼬며
자식들은 공책에 학교 숙제하느라
등잔불을 중심으로 온 가족의 정감이
오가던 그 시절 그 풍경도
모두 세월 속으로
밀려가 묻혀버리고
아련한 추억과
기억 속에만 남게 되었다네

인연이라는 두 글자

강바람 타고 들려오는 여울목 물소리 있어
귀 기울이는 지금, 내 가슴속 여린 심장의 울림이
그대에게도 들리는가요

사립문 열어놓고
길 떠난 자식 기다리는 노모의 마음처럼
그대의 메시지를 기다리는 내 마음이 부르는 세레나데

아름다워라 지상의 꽃들이여
무지개보다 한층 더 아름다운 오색이여
향기까지 갖춰진 모습, 그대를
그리는 그리움은 한겨울 새벽녘
장독 위에 눈 쌓여가듯이 소복하게 쌓여만 갑니다

소리없이 찾아 왔다가 가버리는 인연이 아니라
오래 남아 그대 가슴속에 머물 수 있는 인연이 되어
밤 하늘의 뭇 별로 나와 그대의 백옥빛 사랑을 그리고 싶어요

따듯한 인생

사람의 삶에는 항상 양면성이 존재하는 것
선이 있으면 악이 있고
애틋한 사랑이 있는가 하면 미움이 있으며
만남이 있으면 아쉬운 떠남이 있고
내가 있기에 그대가 있으며
그대가 있기에 또한 내가 존재하는 것

손과 손이 맞잡으면 따듯한
사랑의 온기가 되살아나고
그와 같이 가슴과 가슴이
맞닿으면 따듯해 지 듯
따스한 손과 따스한 가슴이
뜨거운 감사의 마음으로 삶을 지탱할 때
우리네 인생도 따듯해집니다

인생살이

회자정리(會者定離) 요
거자필반(去者必返)이며
생자필멸(生者必滅) 인 것

만나면 언젠가는 헤어지게 되고
떠난 자 돌아오게 되며
태어나면 반드시 죽게 되는 것

태어날 때 순서가 있으되
돌아갈 때 순서가 없다고 했나니
태어날 때 주먹을 쥐고 태어나지만
돌아갈 때 손을 펴고 돌아가는 것이 인생살이

공수래(空手來) 공수거(空手去)

우리네 인생살이 더도 말고 덜도 말고
살아생전에 미움도 시기도 질시도 하지 말고
좋은 일에 매진하여 천수(天壽)를 누리다
돌아갈 때 마음도 몸도 모두 비우고 바람처럼 떠나는 것

석용호 시인의 시세계

감각적인 언어의 시적 구성력을 바탕으로

전형철. 시인. 문학평론가

석용호 시인의 시세계

감각적인 언어의 시적 구성력을 바탕으로

전형철. 시인.문학평론가

자아라는 렌즈를 통해 개인의 행동이나 정서적 기질 그리고 지적 능력 등을 관측할 수 있다고 했다. 그래서 한 사람의 의식과 무의식, 전의식이 상징화되어 있는 시인의 언어는 시인의 내면세계를 탐구할 수 있는 근거를 제공한다.

시를 발화하는 정신적 에너지인 이런 심리적 상태는 자연적인 의식의 결정 요인으로 작용할 수도 있고 문화적 요인이나 법, 제도하에서의 영향으로 표현될 수도 있다. 시인 또한 한 시대를 살아가는 사회의 구성원으로서 그 시인의 시 세계가 개인적인 차원에 머물러 있든, 사회적인 차원으로 확산되어 있든 간에 자각된 자의식을 통해서 나온 언어를 사용한다는 점에서는 동일하다. 그러므로 시의 언어로 유기체화되어 있는 시인의 세계는 그 시인의 시에서 자주 사용되는 언어의 상징을 통해 추측해 볼 수 있다.

석용호 시인의 첫 시집 『꽃잎, 허공에 파문을 빚다』는 시인의 내면에서 싹튼 자아인식들을 시적 대상에 의해 환치시킨 서정시의 범주에 있다. 그러므로 시인의 시적 대상들은 일정한 거리를 유지하고 있기보다는 그 사물들을 자기화하여 그 안에 존재하고 있다. 내면적 자의식들이 형상화되어 있는 언어들 중 유독 많이 나오는 '그리움'은 소통할 수 없는 현실을 뚫고자 하는 통로이다. 없는 듯 있는, 있는 듯 없는 석용호시인이 만들어 낸 자아의 상징물이다.

일상의 탈출을 꿈꾸면서도 그 곁가지에 난 그리움을 두려워하는 아이러니한 양면성, 이러한 괴리에서 오는 인간의 근본적인 고민을

석용호 시인의 시에서도 엿볼 수 있다. 이런 고통의 도정들이 시인에게 아름다운 뿔처럼 여겨지는 것은 이 모든 것들을 시를 발화하는 원동력으로 사용할 줄 아는 시인 특유의 감성 때문이 아닐까? 이런 현실들은 자유롭게 비상하는 새나 유유히 흐르는 강심에 전신을 내맡기고 불분명한 의식을 지우는 요인이 되곤한다. 이렇게 시인의 내면에 내재된 무의식과 전의식은 시집 전반에 표출되어 있다.

골짝마다 한 방울로 시작한 물이
모여 모여서는 계곡물로
하늘에서 뚝 떨어질 때는
이제 모두가 끝난 줄 알았는데

이렇게 계곡물이 모이다 보니
들판도 지나는 시냇물로
다시 이 고을 저 고을 지나다 보니
어느새 한줄기 강물이 되었다네
「금강이라네」3. 4 연

석용호 시인의 자의식은 거대한 강이다. 융융한 흐름의 강물을 막을 수문도 없고 훤히 내비치는 강바닥 안에서의 삶은 비상하지 못한 영혼이 수런대는 소리를 내는 장소이기도 하지만 감옥처럼 자폐된 공간은 아니다. 어쩌면 자폐된 공간에서의 삶보다 더 고통스러운, 세상이 훤히 들여다보이는 투명한 벽이다. 플라톤의 동굴 속 사람들을 보라! 동굴 밖의 세상을 모르는 사람은 동굴 안에서 세뇌된 세상만이 그들의 유토피아인 줄 안다. 그러나 호기심이 강한, 집단이 강요하는 사고에 만족하지 못하는 사람들의 자의식이 호시탐탐 노리는 세상, 어디론가 비상하고자 하는 날개는 세상을 봐버린 사람의 자아 속에서만 싹틀 수 있다.

이 터 위에 세워진
정든 내 고향
정든 우리 집
이름하여 석정원(石庭苑)

비록 오지의 산골마을이지만
나의 어린 시절 꿈이 무럭무럭 자라나던 곳
반세기를 훌쩍 지난 지금까지도
항상 나를 반겨주고,
내 마음의 안식처인 석정원(石庭苑)

[석정원] 3. 4연

그의 삶은 인드라망처럼 고향에 얽혀있음이 틀림없다. 각각의 삶은 교묘하게 날줄과 씨줄로 얽히어 더 나아갈 수 없도록 만들기도 하고, 출렁이는 그물의 구슬을 통하여 갇혀있는 자신에게 전혀 다른 세계를 투영하기도 한다. 그리고 그 실체는 바로 인과 연의 그물, 고향이란 명제에서 벗어날 수 없는 고향을 그리워하는 보통사람의 노래이다. '내 마음의 안식처인 석정원,"이라 읊었듯이 시인의 행복은 여기에 있다. 고향 안에서 훤히 보이는 세상은 당연히 현실탈주를 위한 욕망을 잠재울 수 있다. 환기되지 않는 현실에서 들리는 소리, 현실 밖으로 탈주하고자 하는 욕망을 잠재운 시인의 눈빛은 유순하다.

밟으면 밟을수록
더욱더 돋아나는 잡초처럼
나뭇가지를 자르고 나면
또 다른 가지에 새움이 돋아나듯이
오른발을 꺼내려 애써보면
왼발마저 빠져버리는 늪처럼

그리움을 잊으려 하면 할수록
점점 더 깊어져 가는 상념들

[흔적] 1연

시인을 시름시름 아프게 한다. 자아가 싹튼 그 구멍 사이로 가슴에 물든 그리움을 세상 밖으로 날려보내지만 시인의 어두운 내면 속에서 길든 사람을 향한 그리움은 오히려 시인의 자아 속에서 어둠과 함께 익어간다. 시인의 현실을 탈주하려는 자세는 소극적이다.

인연들을 향한 그리움으로 가득 찬 시인의 세상은 삶의 충만함으로 무거운 것이 아니라, 오히려 가볍다. 현실에 안주하지 않고 세상을 인식함으로써 오히려 허무로 그는 더욱 가벼워진 채, 스스로 흔들리는 강물이 되어 강줄기가 아닌 공중에 물길을 내고 있다. 그래서일까? 석용호 시인이 욕망하는 하는 대상은 늘 시공을 초월한 상태로 표현된다.

하얀 속살이 깨어질 때마다
울부짖음이 하늘을 찌를 듯이 터져나오고
온몸이 상처투성이가 되고
지칠 대로 지쳐 버릴 때쯤이면
파도는 서서히 가라앉기 시작하여
마침내 파도는
솜털만큼이나 보드라운 모래 언덕을
서서히 미끄러질 듯 미끄러질 듯
밀려왔다 밀려가 버리다가는
숨소리까지 멈춰버린 호수 같은
고요함을 가슴에 담은 채 제자리로 돌아온다

[파도] 2연

이 시를 읽어보면 시인이 욕망하는 대상에게 가는 과정은 험난하다. 쏜살같이 직선으로 대상의 심장에 꽂히는 화살이 아니라 허공의 긴장 한자락을 꿰고 푸른 물이 든 불룩해진 욕망을 꿰고 뒤엉킨 고요가 뱉어놓은 아득한 통증과 수취인 불명의 길 끊긴 숨은 그리움과 욱신거리는 길의 허기진 맨발을 거쳐서야 욕망하고자 하는 대상에 닿는다. 그러나 대상에 닿는 순간 시인의 그리움에 응답해주는 소리가 되돌아오는 것이 아니라 생명 없는 장신구가 되어 욕망하고자 하는 대상을 화려하게 치장시켜주는 더 절박한 그리움으로 남을 뿐이다.

그런 그가 현실에서 탈출할 수 있는 방법은 무엇일까? 초극할 수 없는 현실에의 대응 방법은 일반적으로 두 가지의 유형으로 나타난다. 현실을 냉소적으로 보거나 아니면 '고통을 피할 수 없으면 고통을 즐겨라' 는 말이 있듯 그 현실을 품어 안고 더불어 살아가는 방법이다. 석용호 시인은 후자 쪽을 택한 것 같다. 고통의 극치는 눈물이 없다. 비명도 아픔이 처음 시작될 때 소리가 나는 법이다. 상처가 곪은 자리가 말라서 굳은살이 박이면 탁발하는 수행승처럼 현실에 대응하는 눈도 초연하게 된다.

전설 속의 칠월 칠석은
한해에 한 번
견우와 직녀가 만났다는데
그것도 은하수 흐르는 강을 고맙게도
까마귀와 까치가 오작교 다리까지 놓아주어서
세상이 변해도 너무 변해서
은하수 흐르는 별밤은 찌든 공해 탓에
찾아 보려야 볼 수도 없고
오작교 만들어줄 까치와 까마귀는
어디로 갔는지 찾을 길도 없고
만나고 싶은 사람은

시간 장소 구애 없이

시도 때도 없이 언제라도

만날 수 있는 좋은 세상

직접 못 보면 영상으로는 단 몇 초 만에도

보고 싶은 사람을

뜸을 들여가며 상상도 해가며

가슴앓이도 해보고 애타게 기다려도 보고

오르막 내리막을 지나서 만날 때

그 만남이 더 소중할 텐데

요즘 시대는 너무 쉽게 만나고

헤어지기도 쉬운 터라

진정한 마음이 담긴 칠월칠석은

철새처럼 저 멀리 날아가 버렸지만

칠월 칠석날 눈물비는 올해도 내린다네

[칠월 칠석날에] 전문

탄탄대로로 펼쳐나간 삶이 아닌 매듭진 삶도 생의 한 방법이라는 것을 이미 시인은 인정하고 있다. 그의 시에서 나타나는 것은 보편적인 서정시인에게서 나타나는 길 위에서의 정서가 아니라 욕망하는 대상에게로 가고자 하는 간절한 갈망, 극복할 수 없는 현실이 만든 것이다.

그러나 세상 밖으로 내보낸 수많은 그리움은 욕망하는 대상에게로 제대로 뻗어나가지 못하고 그의 세상 안으로 되돌아온다. 어두운 현실 속에서 벗어나 전설 속에 놓이는 그의 오작교는 현실 밖에서 마음껏 비상하는 그리움이 아니라 구부러진 가지에 앉아 하루종일 녹슬은 노래나 부를 수밖에 없는 비탄으로 형상화되어 있다.

이런 그리움이 만드는 비밀의 열쇠는 현실탈주를 상징한다고 보여

진다. 어쩌면 [꽃잎, 허공에 파문을 빚다]에 상재된 모든 시들은 시인의 내면에 가 닿을 수 있는 비밀의 열쇠라고도 볼 수 있다.

어떤 이는 한 송이
국화꽃을 피우기 위하여
봄부터 소쩍새가 울었다고 하지만
봄에 씨앗을 뿌리지 않았다면
이렇게 풍요로운 황금 들녘을
꿈에라도 생각이나 했었을까

드높은 하늘 아래 펼쳐진
누런 바다를 바라만 보아도
마음까지도 부자가 되는 가을 들녘
하늘을 쳐다보아도
들녘을 바라만 보아도
마음의 창 너머로 보아도
모두가 넉넉한 가을 들녘

벼가 익을수록 고개가 숙여지듯이
사람도 황혼녘에 이를 때쯤이면
오곡백과가 익어가는 가을 들녘처럼
몸과 마음이 저녁노을에 불타고 있다네……,

[가을 들녘] 전문

[꽃잎, 허공에 파문을 빚다]는 한 권의 책으로 엮어놓은, 그 열쇠를 꽂을 문이 없는 열쇠꾸러미이며 대상이 사라져버린 수취인 불명의 그리움이다. 시의 전체 분위기를 살펴보면 안주하고 있던 현실에

서 싸튼 자의식을 인지하고 진통을 겪고 있으면서도 수상한 바람이 돌쩌귀에 걸려 있다고 뒤돌아보지 말라고 이야기한다. 그는 가을 들녘에 서서 자신의 마음을 씻으면서 의식하지 못하는 무의식의 내면에 지구 깊숙한 곳에 마그마가 생기듯 응축된 불덩이가 꿈틀거리는 것을 느끼고 있다. 그것은 세상을 살아가면서 미움이며 분노며 이런 것들이 삭히고 산화하는 것이라 말하고 있다. 시인이 이 불꽃을 분출하여 시를 토해낸다고 할까? 이렇게 시 쓰기의 주체인 나와 자연과 눈을 맞추고 살며 하나의 동질화가 되어 가는 듯하다. 그러면서 로맨틱하게 사물과 눈 맞추기도 하지만 그는 세상과 먼 거리에 있고 그 거리만큼 길어진 그리움으로 세상 밖을 서성인다.

때만 되면 명산대천을 찾아서
소원을 빌고 또 빌고
자식이 멀리 떠나도
무사귀환을 빌고 또 빌고
일이 안되면 조상을 탓하며
잘되기를 또 빌어도 보고

....중략....

부처는 법당에만 있을 줄 알고
열심히 찾아 나서지만
부처는 먼 곳에 있는 것이 아니라
내 육신과 함께 있는
즉심 불이 곧
마음이 곧 부처인 것을......,

[즉심 불이] 일부

이쯤에서 그는 시의 원점에 와 있다. 묵언하고 언어 이전의 사물과 마주하고 있다. 마음을 버리고 모든 관념을 비워버리고 텅 빈 들녘에 서 있다. 그래서 그는 "즉심 불이." 곧. "마음이 곧 부처인 것을…. 라고 노래한다. 그러나 시는 운명적으로 언어를 사용하고 있고 언어는 관념이므로 언어, 즉 관념의 감옥 속에 있다. 아름다운 것도 황홀한 것도 관념이다.

그는 수도자가 관념을 깨뜨려 깨달음을 얻기 위해 만행을 하듯, 언어의 탈관념이라고 하는 미도 추도 없는 고행의 길에 놓여 있는 것 같다. 다른 속셈을 가진 대상은 영원히 한몸이 될 수 없다. 우리 생이 기다림으로 점철되는 이유는 하나가 될 수 없는 욕망의 대상이 더 많기 때문이다. 시인의 렌즈가 앞으로는 좀 더 구체적인 세상 쪽으로 응시하리라 굳게 믿어 본다.

아버님이 떠나신지도
어느새 두 해가 훌쩍 지나갔네요
지금의 고향마을에서 태어나셔서
돌아가시던 날까지
단 한 번도 외지로 나가신 일이 없이
고향땅을 평생 지켜 오셨던 아버지

열여덟 어린 나이에 가업을 물려받으시고
쓰러져 가던 가세를 세우시느라
노심초사 고생만 하셨던 아버지

[아버님을 기리며]제 1. 2 연

이 시에 말하는 두 사람은 아버지와 시인, 더 나아가서는 이 세상 아버지와 그 아들의 현실로 읽혀진다.

사회가 다변화된 지금은 각자의 의식도 다각도로 변화되고 있지만 시인이나 아버지 세대에게 현실은 아직도 못 사국 하니 허용하지 않는 흰 벽이며 영원한 존경의 대상인 것이다.

우리 칠 남매 당신께서 못 이룬 학업의 꿈과
가난의 대물림이 싫어 손발이 다 닳도록
오로지 자식교육과 농사일밖에 모르시던 아버지

임종이 가까워져 오심을 아시면서도
자식들 모두 직장으로 보내고
평생을 같이하신 어머님께서만
지켜보시는 가운데
조용히 먼길을 떠나셨던 아버지

당신께서 사시사철 농사일하시던
양지바른 밭에 고이고이 잠드셨다가
때때로 찾아오는 자식들 어루만져 주시는 아버지
[아버님을 기리며]제 3. 4. 5 연

아버지를 향한 그리움은 세상 온갖 것들을 어더한 색채로도 물들일 수 있는 무한한 가능성을 가진 힘이다. 시인과 아버지는 평화로운 한 점의 그림으로 세상에 걸려 있기 위해서는 스스로 날카로운 비명을 감내해야 하는 고통을 겪어야 가능함을 이야기하고 있다.

석용호 시인의 시 세계는 현실을 초극하려는 의지를 보이고 있으면서도 나르시시즘적인 경향을 보인다.

시인의 자의식이 세상을 세차게 후려치지 못하고 이러한 경향으로 나타나는 것은 시인이 처해 있는 삶의 좌표가 제도가 정해놓은 일방통행의 선상에 있기 때문일 것이다.

내면에서 싹튼 자의식은 현실을 초극하려는 의지이고, 그것이 곧 삶을 개척하는 길이고 끈이며 매듭이라고 말하는 석용호 시인은 절망과 절망이 맞닿아 있는 벼랑 끝의 삶이 무엇인지를 안다.

그러나 자신을 비추고 있는 거울을 세상 쪽으로 돌려세우면 가슴 아린 세상 밖의 풍경도 누구에게나 하나씩 돋아 있는 생의 일부라는 사실을 알 수 있다.

이제 그의 시집이 세상에 나옴으로써 수취인 불명의 사연들이 '독자' 라는 이름의 문패를 찾아가 울림을 주고, 감동을 주기를 바란다.

감각적인 언어와 잘 짜인 시적 구성력으로 그의 그리움이 세상의 고통을 품어 안는 개방된 둥지가 될 것이라 굳게 믿으며......,

2011년 정월 초하룻날
장산 바람재 우거에서 전형철 삼가 씀

꽃잎, 허공에 파문을 빚다

인쇄	2011년 1월 15일
초판 1쇄 발행	2011년 1월 17일
지은이	석용호
펴낸이	전형철
편집	GAP
웹디자인	김태완
펴낸곳	도서출판 모던/등록번호 제 16-3544호
인쇄	(주)한진종합인쇄
후원	월간 모던포엠
주소	서울 중구 초동 155-1 덕양빌딩 505호
전화	02-2265-8536
팩스	02-2265-0136
이메일	mopo64@hanmail.net
정가	10,000원